Histoire d'un casse-noisette

Adaptation et activités de **Chiara Rovella**

Illustrations d'**Anna** et **Elena Balbusso**

Rédaction : Sarah Negrel, Cristina Spano
Conception graphique et direction artistique : Nadia Maestri
Mise en page : Gloriana Conte
Recherche iconographique : Chiara Bonomi

© 2010 Cideb

Première édition : janvier 2010

Crédits photographiques :
Archives Cideb ; LAIF/Contrasto : 6 ; © Robbie Jack/CORBIS : 51-52.

Vous trouverez sur les sites www.cideb.it et www.blackcat-cideb.com (espace étudiants et enseignants) les liens et adresses Internet utiles pour compléter les dossiers et les projets abordés dans le livre.
Tous les sites Internet signalés ont été vérifiés à la date de publication de ce livre. L'éditeur ne peut être considéré responsable d'éventuels changements intervenus successivement. Nous conseillons vivement aux enseignants de vérifier à nouveau les sites avant de les utiliser en classe.

Pour toute suggestion ou information la rédaction peut être contactée à l'adresse suivante :
info@blackcat-cideb.com
www.blackcat-cideb.com   www.cideb.it

ISBN 978-88-530-1027-8 livre + CD

Imprimé en Italie par Litoprint, Gênes

Sommaire

Le texte est intégralement enregistré.

 Ce symbole indique les enregistrements et le numéro de leur piste.

DELF Les exercices qui présentent cette mention préparent aux compétences requises pour l'examen.

Alexandre Dumas

Né à Villers-Cotterêts (Picardie) en 1802, Alexandre Dumas est un auteur français très lu dans le monde entier.

Son père est un général normand : il meurt quand Alexandre n'a que quatre ans. Le nom de Dumas est celui de sa grand-mère, une esclave originaire de Saint-Domingue.

Alexandre Dumas est surtout <u>célèbre</u> pour ses romans comme, par exemple, *Les Trois Mousquetaires*, *Le Comte de Monte-Cristo*, *La Reine Margot*, *Le Vicomte de Bragelonne* et *Vingt ans après*, mais il s'occupe aussi d'autres genres littéraires : théâtre, mémoires et récits de voyage. Il est même l'auteur d'un *Grand Dictionnaire de cuisine* !

L'écrivain meurt à Dieppe (Haute-Normandie) en 1870.

Petite curiosité : son fils porte le même prénom que lui et il est, lui aussi, écrivain.

Compréhension écrite

DELF **1** Lisez le dossier, puis dites si les affirmations suivantes sont vraies (V) ou fausses (F).

		V	F
1	Alexandre Dumas naît en Picardie.	X	
2	Quand son père meurt, Alexandre est encore un enfant.	X	
3	Le nom de Dumas est celui de sa grand-mère.	X	
4	Sa mère est une esclave.	X	
5	Alexandre Dumas s'intéresse aussi à la cuisine.	X	
6	Son fils est général.	X	

De gauche à droite et de haut en bas : **l'oncle Drosselmayer, Fritz, Marie, le casse-noisette, le prince**.

Le marché de Noël de Nuremberg.

Nuremberg

L'histoire que vous allez lire se passe à Nuremberg, au début du XVIIIᵉ siècle.

Nuremberg est une très belle ville qui possède beaucoup de monuments et d'anciens palais. Elle se situe en Bavière, dans le sud de l'Allemagne.

En été, il fait chaud, tandis qu'en hiver, il fait très froid et il neige souvent.

Nuremberg est célèbre pour ses marchés de Noël où l'on trouve toutes sortes de jouets, de bonbons et de décorations.

Chaque année, on peut aussi visiter le prestigieux *Salon international du jouet de Nuremberg* : les fabricants de jouets du monde entier se donnent rendez-vous là-bas pour exposer leurs nouvelles créations.

À propos de Nuremberg…

- **Population** : environ 500 000 habitants.
- **Citoyens célèbres** : Albrecht Dürer (1471-1528), peintre, Hans Sachs (1494-1576), poète, et Johann Pachelbel (1653-1706), musicien.
- **Produits typiques** : pain d'épices, horloges, montres et jouets.
- **À voir** : le château de Nuremberg, le Hauptmarkt, la place du marché, la fontaine gothique – appelée la *Belle fontaine* – de nombreux musées et églises.

[handwritten annotations: gingerbread, clocks, watches, castle]

Compréhension écrite

DELF 1 Lisez le dossier, puis dites si les affirmations suivantes sont vraies (V) ou fausses (F).

		V	F
1	Il y a beaucoup de palais modernes à Nuremberg.	☐	☒
2	Il y a des marchés de Noël très célèbres à Nuremberg.	☒	☐
3	Dans ces marchés, on peut acheter des vêtements et des chaussures.	☐	☒
4	À Nuremberg a lieu le *Salon international du jouet*.	☒	☐
5	Le pain d'épices est une spécialité de la ville.	☒	☐
6	La Belle fontaine est une fontaine gothique.	☐	☒

[handwritten annotation: to take place]

PROJET **INTERNET**

La ville de Nuremberg

Rendez-vous sur le site www.blackcat-cideb.com. Écrivez le titre ou une partie du titre du livre dans la barre de recherche, puis sélectionnez le titre. Dans la page de présentation du livre, cliquez sur le nom du projet Internet pour accéder aux liens.

A Cliquez sur « Infos ville », puis répondez aux questions.
- ▶ Où se trouvent les offices de tourisme de Nuremberg ?
- ▶ Quels sont les horaires d'ouverture (en temps normal) ?

B Cliquez sur « Culture et loisirs », puis sur les trois musées de la ville et dites, pour chacun d'entre eux, ce que l'on peut trouver à l'intérieur.

C Cliquez sur « Loisirs » (dans la colonne de gauche), « Parc zoologique », puis complétez le texte.
Heinz Sielmann décrit le .... de Nuremberg comme étant le plus beau .... zoologique d'Europe. Le zoo, avec ses .... naturelles et ses espaces boisés, est un .... pour environ 2 000 .... ; quelque 300 espèces du monde entier provoquent toute l'année l'............ des visiteurs. Les .... et les .... californiennes garantissent une .... inoubliable dans l'unique .... de l'Allemagne du sud.

D Cliquez sur « Manifestations », « Marché de Noël (dans la colonne de gauche), puis répondez aux questions.
- ▶ Que peuvent goûter les visiteurs dans ce marché ?
- ▶ Qu'est-ce qu'on organise pour les enfants de quatre ans et plus ?
- ▶ Au marché de Noël des enfants, quel personnage peut-on rencontrer ?

Avant de lire

1 Les mots suivants sont utilisés dans le chapitre 1. Associez chaque mot à l'image correspondante.

a	des chants de Noël	**c**	de la neige	**e**	des soldats de plomb
b	des bougies	**d**	des décorations	**f**	un bandeau noir

CHAPITRE 1

La veille de Noël

Nous sommes le 24 décembre, la veille de Noël, à Nuremberg. Il fait froid et il y a beaucoup de neige sur les toits et dans les rues de la ville. Il y a des marchés de Noël avec des jouets, des décorations et plein de bonnes choses à manger. Les habitants regardent les vitrines des magasins et achètent des cadeaux pour leur famille et leurs amis. Dans les rues, des enfants interprètent des chants de Noël.

Les Silberhaus vivent à Nuremberg et dans leur belle maison, tout est prêt pour le réveillon. Dans le salon, il y a un grand sapin de Noël avec des bougies et des décorations de toutes les couleurs. Au pied du sapin, il y a beaucoup de cadeaux : des gros, des petits, des moyens...

Marie et Fritz Silberhaus sont frère et sœur. Marie est très jolie ; elle a de longs cheveux châtains et de grands yeux bleus. Elle adore les poupées. Fritz a les cheveux blonds et les yeux marron. Il aime jouer avec ses petits soldats de plomb. Marie et Fritz sont très excités parce qu'ils adorent le réveillon de Noël.

— La fête va bientôt commencer, dit Marie avec enthousiasme.

Histoire d'un casse-noisette

— Regarde ! Il y a des biscuits, des bonbons, des fruits et même une bûche de Noël sur la table ! s'écrie Fritz.

— Les invités sont déjà là..., dit Marie. Mais où est l'oncle Drosselmayer ? Je ne le vois pas.

— Il est trop tôt, Marie, répond Fritz.

Drosselmayer est un ami de la famille et les enfants l'aiment beaucoup. L'oncle Drosselmayer, comme ils le surnomment, est grand et il a de longues jambes maigres. Il a les cheveux blancs et un long nez. Il porte un bandeau noir sur l'œil gauche. Tout le monde adore l'oncle Drosselmayer parce qu'il sait réparer les horloges et qu'il sait fabriquer des jouets magiques : des femmes qui dansent, des hommes qui font la révérence, des chiens qui courent et des poissons qui nagent. L'oncle Drosselmayer a un rêve secret : fabriquer de vrais hommes, de vraies femmes, de vrais chiens et de vrais poissons !

La sonnette de la porte retentit. Marie et Fritz se précipitent pour aller ouvrir, mais ce n'est pas l'oncle Drosselmayer.

— Où est l'oncle Drosselmayer ? demande Fritz. Il est presque sept heures !

— Pourquoi est-il en retard ? demande Marie.

— Il doit venir ! dit Fritz. Il doit nous apporter des cadeaux magiques !

Il y a beaucoup de monde à la fête. Les invités sont très élégants. Un petit orchestre joue de la musique. Des personnes dansent, d'autres parlent, rient ou admirent le merveilleux sapin de Noël. Des enfants s'amusent et courent autour de l'arbre décoré. Mais l'oncle Drosselmayer n'est pas là...

Soudain, on entend de nouveau la sonnette. Marie et Fritz courent à la porte.

Histoire d'un casse-noisette

— C'est l'oncle Drosselmayer ! C'est l'oncle Drosselmayer ! s'écrie Marie.

— Il est arrivé ! dit Fritz, joyeusement.

L'oncle Drosselmayer se tient debout devant la porte et il sourit à Marie et à Fritz. Il porte un long manteau et il a des cadeaux de toutes les couleurs dans les bras.

— Bonsoir tout le monde ! dit l'oncle Drosselmayer.

Monsieur et madame Silberhaus et tous les invités lui souhaitent la bienvenue.

— Merci, dit l'oncle Drosselmayer. Il fait chaud ici et la maison est très accueillante. Dehors, il fait très froid. Il neige et il y a beaucoup de vent.

Il se tourne ensuite vers Marie et Fritz et leur dit :

— Venez dans le salon. J'ai d'incroyables surprises pour vous. Vous allez être très contents ! J'ai aussi des cadeaux pour tout le monde...

— Tu es vraiment très gentil, dit madame Silberhaus.

Marie et Fritz courent dans le salon. L'oncle Drosselmayer les suit.

— Quel magnifique sapin ! s'exclame l'oncle Drosselmayer.

— Est-ce que tu as un sapin de Noël chez toi ? demande Marie.

— Bien sûr, mais il est très petit, répond l'oncle Drosselmayer.

14

Compréhension écrite et orale

DELF **1** Écoutez l'enregistrement du chapitre, puis dites si les affirmations suivantes sont vraies (V) ou fausses (F).

		V	F
1	C'est l'hiver à Nuremberg.	☒	☐
2	La famille Silberhaus a une belle maison.	☒	☐
3	Marie a les cheveux blonds et les yeux marron.	☐	☒
4	Sur la table, il y a une bûche de Noël.	☒	☒
5	L'oncle Drosselmayer fabrique des jouets magiques.	☒	☐
6	Il y a seulement quelques personnes à la fête.	☒	☒
7	Des enfants lisent des livres à côté du sapin de Noël.	☐	☒
8	L'oncle Drosselmayer porte un long manteau.	☒	☐
9	L'oncle Drosselmayer a des cadeaux pour tout le monde.	☒	☐
10	L'oncle Drosselmayer a un grand sapin de Noël chez lui.	☒	☒

2 Lisez le chapitre, puis complétez le tableau.

grand	cheveux blancs	yeux marron	bandeau noir	jolie
	cheveux blonds	yeux bleus	cheveux châtains	
		longues jambes maigres		

Marie	jolie cheveux blonds yeux bleus
Fritz	yeux marron cheveux châtains
L'oncle Drosselmayer	cheveux blancs longues grand jambes bandeau noir maigres

15

Enrichissez votre vocabulaire

1 Associez chaque pièce de la maison à l'action correspondante.

1 [b] La salle à manger F   a Se laver les mains.
2 [d] La chambre   b Préparer le dîner.
3 [e] Le salon   c Allumer l'ordinateur.
4 [f] La cuisine B   d Dormir.
5 [a] La salle de bains   e Recevoir ses amis.
6 [c] Le bureau   f Prendre ses repas en famille.

Production écrite et orale

DELF 1 Aidez-vous des questions suivantes pour décrire votre meilleur(e) ami(e).

- Comment s'appelle-t-il/elle ?
- Quel âge a-t-il/elle ?
- Est-il/elle grand(e) ou petit(e) ?
- De quelle couleur sont ses yeux ?
- Ses cheveux ?
- Comment s'habille-t-il/elle ?

Elle s'appelle julie, elle est jolie. Elle a 15 ans et est petite. Elle a les cheveux brunes et les yeux marron.

DELF 2 Dites à quelle heure vous faites ces activités pendant le week-end.

> se lever   prendre son petit-déjeuner   se laver les dents
> déjeuner   sortir   faire ses devoirs   dîner
> regarder la télé   se coucher

DELF 3 Décrivez votre maison. Combien de pièces a-t-elle ? Quelle est votre pièce préférée et pourquoi ? Avez-vous un jardin ?

describe your house how many pieces is 9 ha ... preferred piece & why ... What is your

Avant de lire

1 Les mots suivants sont utilisés dans le chapitre 2. Associez chaque mot à sa définition.

1 ☐D Un casse-noisette   **a** Furieux(-se).

2 ☐F Un cadeau   **b** Récipient souvent muni d'un couvercle.

3 ☐B Une boîte   **c** Ensemble de soldats.

4 ☐A En colère   **d** Objet qui sert à ouvrir des noisettes.

5 ☐C Une armée   **e** Envoyer quelque chose loin de soi.

6 ☐E Lancer   **f** On l'offre à quelqu'un pour lui faire plaisir.

2 Associez les mots de l'exercice précédent à l'image correspondante.

A 2   B 4   C 1

D 6   E 5   F 3

CHAPITRE 2

Le casse-noisette

Tous les invités sont autour du sapin de Noël. L'oncle Drosselmayer dépose beaucoup de cadeaux de toutes les couleurs au pied du sapin. Marie et Fritz sont très excités.

Maintenant, je vais vous montrer des cadeaux extraordinaires, dit l'oncle Drosselmayer.

Il ouvre deux boîtes rouges et il sort deux grandes poupées. Il y a un homme et une femme. Ils sont très élégants.

— Comme ils sont grands ! dit Marie.

— On dirait de vraies personnes ! dit Fritz.

— Et ce n'est pas terminé... Regardez ! dit l'oncle Drosselmayer.

Il tourne une clé dans le dos des poupées et elles commencent à danser dans le salon. Les invités sont surpris parce que les poupées dansent très bien. Marie et Fritz se mettent à rire. Quand la musique s'arrête, les poupées s'arrêtent aussi de danser et l'oncle Drosselmayer les met au pied du sapin.

— Et maintenant, les autres cadeaux ! dit l'oncle Drosselmayer.

Histoire d'un casse-noisette

Le cœur de Marie bat très fort. L'oncle Drosselmayer donne des cadeaux aux cousins, aux tantes, aux oncles, au père et à la mère de Marie et de Fritz. Tout le monde est content.

Puis, l'oncle Drosselmayer donne son cadeau à Fritz. Le garçon l'ouvre et il trouve vingt petits soldats de plomb.

— Oh, quel beau cadeau ! s'écrie Fritz. J'adore les petits soldats de plomb. Ils vont entrer dans mon armée. Merci, oncle Drosselmayer !

L'oncle Drosselmayer se tourne ensuite vers Marie et lui donne une grande boîte bleue.

— C'est pour toi, Marie !

Marie ouvre lentement la grande boîte bleue et... que trouve-t-elle à l'intérieur ? Un grand soldat de bois.

Elle est très étonnée[1]. Elle regarde attentivement le soldat, puis elle s'écrie :

— C'est un casse-noisette, n'est-ce pas, oncle Drosselmayer ?

— Oui, Marie. C'est un casse-noisette... mais un casse-noisette magique !

— Il est très beau ! dit Marie.

— Il n'est pas beau ! dit Fritz. Il est laid !

— Ce n'est pas vrai, Fritz, réplique Marie. Il est très beau et je l'aime beaucoup ! C'est mon casse-noisette.

En réalité, le casse-noisette n'est pas beau, mais Marie est très contente.

— J'ai une idée, dit Fritz. Le casse-noisette peut entrer dans mon armée sous le nom de capitaine Casse-Noisette ! Il peut commander mes petits soldats de plomb.

1. **Étonné** : surpris.

Histoire d'un casse-noisette

Fritz prend le casse-noisette des mains de Marie et il se met à courir autour du sapin de Noël. Il saute et il lance le soldat de bois en l'air. Tout le monde s'amuse beaucoup, mais Marie est très en colère.

— Tu vas être le capitaine Casse-Noisette ! dit Fritz.

— Arrête, Fritz ! crie Marie. Ne le lance pas en l'air ! Donne-le-moi ! C'est mon casse-noisette !

Elle court après Fritz dans le salon. Soudain, Fritz fait tomber le casse-noisette par terre et… crac !

— Oh, non ! s'écrie Marie. Son bras est cassé ! Mon pauvre casse-noisette ! Fritz, tu es vraiment méchant.

Marie est triste et elle commence à pleurer.

— Ne pleure pas, dit l'oncle Drosselmayer. Je peux mettre son bras en écharpe[2], si tu veux. Et souviens-toi : c'est un casse-noisette magique !

Marie écoute l'oncle Drosselmayer, mais elle continue à pleurer.

— Maintenant, tu vas mettre le casse-noisette au lit avec tes poupées, dit l'oncle Drosselmayer. Ne t'inquiète pas, il va bientôt guérir.

Marie ne sait pas si c'est vrai, mais elle prend quand même le casse-noisette et le pose avec ses poupées et les petits soldats de Fritz. Elle met le casse-noisette à côté de ses poupées préférées.

— J'espère que l'oncle Drosselmayer a raison, dit Marie tristement. Bonne nuit, mon cher casse-noisette.

---

2. **Porter son bras en écharpe** : attacher son bras autour du cou.

Compréhension écrite et orale

DELF **1** Écoutez l'enregistrement du chapitre, puis complétez le résumé à l'aide des mots proposés.

1	gâteaux	cadeaux	poupées
2	lapin	sapin	pantin
3	valises	boîtes	sacs
4	poupées	horloges	bougies
5	courir	danser	chanter
6	dix	trois	vingt
7	verre	plomb	papier
8	content	déçu	en colère
9	en colère	contente	fatiguée
10	sur le sapin	par terre	sur Marie
11	genou	nez	bras
12	beau	laid	magique

Il y a beaucoup de (1) ...cadeaux... de toutes les couleurs au pied du (2) ....sapin..... de Noël. L'oncle Drosselmayer ouvre deux (3) ...boîtes..... rouges et il sort deux grandes (4) ..poupées.. Elles commencent à (5) ...danser... dans le salon et les enfants se mettent à rire.

L'oncle Drosselmayer donne des cadeaux à toute la famille. Fritz ouvre son cadeau et il trouve (6) ..vingt... petits soldats de (7) ..plomb.. . Il est très (8) ..content.. . Puis, l'oncle Drosselmayer donne un casse-noisette en bois à Marie. Elle l'aime beaucoup mais Fritz prend le casse-noisette des mains de sa sœur et il se met à courir autour du sapin de Noël. Il saute et il lance le soldat de bois en l'air. Marie est (9) ..en colère.. Le casse-noisette tombe (10) ..par terre.. et son (11) ..bras.. se casse. L'oncle Drosselmayer dit à Marie que le casse-noisette est (12) ..magique.. Alors, Marie le pose à côté de ses poupées préférées.

Grammaire

L'impératif

On utilise l'impératif pour donner **un ordre** ou **un conseil**.
Arrête, Fritz !

À la forme négative, il permet d'exprimer **une interdiction**.
Ne le lance pas en l'air !

L'impératif est formé de trois personnes (la 2e du singulier, la 1ère et la 2e du pluriel) et on n'emploie jamais les pronoms personnels sujets.

L'impératif se conjugue comme le présent de l'indicatif.
Attention ! À la deuxième personne du singulier, le **-s** final des verbes du 1er groupe disparaît.
Tu ne pleures pas. (présent de l'indicatif) *Ne pleure pas !* (impératif)

Les pronoms personnels compléments changent de forme et de place.

À l'impératif affirmatif, le pronom se place après le verbe. **Me** e **te** deviennent **moi** et **toi**. *Regarde-le ! Parle-moi !*
À l'impératif négatif, le pronom se place devant le verbe. **Me** e **te** ne changent pas de forme.
Ne le regarde pas ! Ne me parle pas !

1 Mettez les phrases suivantes à l'impératif.

1 Tu arrêtes ta voiture. *Arrête ta voiture*
2 Vous lancez le ballon en l'air. *Ne lancez pas le ballon*
3 Nous ne nous inquiétons pas pour lui. *Inquiéton nous pour lui*
4 Tu me donnes tes cadeaux. *Donne-moi tes cadeaux*
5 Vous vous souvenez de vos vacances. *Souvenez-vous des vos vacances*
6 Vous ne venez pas chez moi cet après-midi. *Venez chez moi*

Production écrite et orale

DELF 1 Décrivez brièvement votre famille. Combien êtes-vous ? Avez-vous des frères, des sœurs, des cousins, des cousines, etc. ? Quel âge ont-ils ?

J'ai une sœur, mamère et mon père. Nous avons une chat et une chien.

24

Avant de lire

1 Les mots suivants sont utilisés dans le chapitre 3. Associez chaque mot à l'image correspondante.

a des pantoufles   d une queue   g un chapeau

b une horloge   e une épée   h une veste

c une souris   f un canon   i de la fumée

1 A   2 I   3 D

4 C   5 E   6 H

7 G   8 F   9 B

CHAPITRE 3

Minuit magique

Après le repas, Marie et Fritz sont fatigués et ils montent dans leur chambre. Mais Marie n'arrive pas à dormir parce qu'elle est très triste. Elle pense à son casse-noisette et à son bras cassé.

« Comment va mon pauvre casse-noisette ? pense Marie. Est-ce qu'il dort ? Je ne peux pas attendre jusqu'à demain matin. Je veux le voir tout de suite. »

Elle se lève, met ses pantoufles, puis descend. La grande maison est sombre et silencieuse. Le salon et le sapin de Noël ont un aspect étrange dans l'obscurité. Sur la longue table, il reste des biscuits et un peu de bûche de Noël.

« J'ai faim, pense-t-elle. Je vais manger un morceau de bûche. »

Dans un coin du salon, il y a une horloge ancienne. Marie regarde l'horloge : il est minuit. Soudain, il se passe une chose étrange : la table du salon commence à grandir.

« Qu'est-ce qui se passe ? » se demande Marie.

Le sapin de Noël commence lui aussi à grandir. Soudain, tout est très grand dans le salon. Seule Marie est restée petite.

« Pourquoi tout est grand maintenant ? se demande-t-elle. Et pourquoi je suis si petite ? »

Marie a peur. Elle entend un bruit terrifiant et elle va se

cacher sous la table. Soudain, elle voit de grosses souris avec de longues queues courir dans le salon. Leur chef est le gros et méchant Roi des souris.

« Oh, comme ces souris sont grosses ! pense Marie. Et elles semblent méchantes. »

Les grosses souris et leur roi sautent sur la longue table et commencent à manger la bûche de Noël et les biscuits. Marie est toujours sous la table. Elle ne sait pas quoi faire.

Les grosses souris voient Marie et courent vers elle.

« Oh, non ! s'écrie Marie. Où est-ce que je peux aller ? »

Soudain, elle entend un bruit dans un coin du salon. Elle se tourne et... que voit-elle ? Les petits soldats de plomb de Fritz qui traversent le salon. Ils portent leurs vestes rouges, leurs chapeaux bleus et leurs pantalons bleus.

« Les petits soldats de plomb de Fritz ! s'exclame Marie. Ils vont venir m'aider. »

Les petits soldats de plomb marchent vers les souris et les souris marchent vers les petits soldats de plomb.

« Ils vont se battre », pense Marie.

Elle les observe, un peu étonnée.

Il y a beaucoup de bruit et le casse-noisette se réveille.

« Qu'est-ce qui se passe, ici ? » se demande-t-il.

Il s'assoit sur le lit et il voit les petits soldats et les souris.

« Les soldats ont besoin d'un capitaine », pense-t-il.

Il se lève rapidement et il va rejoindre les petits soldats de plomb.

— Je suis le capitaine Casse-Noisette et à partir de maintenant, je suis votre chef, dit-il. Suivez-moi ! Nous allons combattre ensemble les souris !

— Oui, capitaine ! crient les petits soldats de plomb avec enthousiasme.

Histoire d'un casse-noisette

Puis, les petits soldats suivent Casse-Noisette et commencent à se battre contre les grosses souris. Ils combattent autour du sapin de Noël, autour de la longue table et dans les coins obscurs du salon. Les petits soldats de plomb sont forts, mais les longues queues des souris les font tomber par terre.

Casse-Noisette et le Roi des souris combattent avec leurs épées. Ils se battent dans le salon et autour du sapin de Noël. Ils font beaucoup de bruit. Le Roi des souris est très fort et Casse-Noisette est très courageux. Mais le Roi des souris fait tomber Casse-Noisette avec sa longue queue.

« Oh, mon pauvre Casse-Noisette ! se dit Marie. Je dois absolument l'aider ! Mais comment ? »

Soudain, Marie a une idée : elle enlève sa pantoufle rose et la jette vers le terrible Roi des souris. Puis, elle ferme les yeux. La pantoufle frappe le Roi des souris à la tête. Il tombe par terre et il ne bouge plus.

— Oh, non ! crient les grosses souris.

— Le roi est blessé, dit tristement une souris. Il ne bouge plus. Il faut le ramener à la maison.

Des souris emmènent le roi hors du salon.

— Hourra ! Hourra ! crient les petits soldats de plomb.

Un soldat tire un coup de canon. Bang ! Un bruit terrible et une épaisse fumée noire remplissent le salon. Les grosses souris ont peur et elles s'échappent.

« J'ai peur de rouvrir les yeux, pense Marie. Qu'est-ce qui se passe ? J'entends des bruits terribles et ça sent la fumée. Mais... où est mon cher Casse-Noisette ? »

Compréhension écrite et orale

DELF **1** Écoutez l'enregistrement du chapitre, puis cochez la bonne réponse.

1 Après le repas, Marie monte dans sa chambre, mais
- **a** ☒ elle n'arrive pas à s'endormir.
- **b** ☐ son frère la réveille.
- **c** ☐ elle a mal à la tête.

2 Marie descend dans le salon pour
- **a** ☒ regarder le sapin de Noël.
- **b** ☐ manger un morceau de bûche.
- **c** ☐ voir son casse-noisette.

3 À minuit,
- **a** ☒ il se passe quelque chose d'étrange.
- **b** ☐ Marie commence à grandir.
- **c** ☐ Fritz descend dans le salon.

4 Marie a peur : elle
- **a** ☐ monte dans sa chambre.
- **b** ☐ appelle Fritz.
- **c** ☒ va se cacher sous la table.

5 Les petits soldats de plomb combattent contre
- **a** ☐ Casse-Noisette.
- **b** ☐ Marie.
- **c** ☒ les souris.

6 Casse-Noisette
- **a** ☐ devient le chef des souris.
- **b** ☒ combat contre le Roi des souris.
- **c** ☐ reste allongé près des poupées.

7 Marie veut aider Casse-Noisette : elle
- **a** ☒ jette sa pantoufle vers le Roi des souris.
- **b** ☐ l'emmène hors du salon.
- **c** ☐ tire un coup de canon.

Grammaire

Les adjectifs possessifs

Pour exprimer l'appartenance, on utilise un adjectif ou un pronom possessif.

L'adjectif possessif se place devant le nom.
*Elle pense à **son** casse-noisette.*

L'adjectif possessif s'accorde en genre et en nombre avec le nom auquel il se réfère.
*Elle se lève et met **ses** pantoufles.*

	Singulier		Pluriel
	Masculin	Féminin	Masculin et féminin
Je	**mon** chapeau	**ma** poupée	**mes** cadeaux/pantoufles
Tu	**ton** chapeau	**ta** poupée	**tes** cadeaux/pantoufles
Il/Elle/On	**son** chapeau	**sa** poupée	**ses** cadeaux/pantoufles
Nous	**notre** chapeau	**notre** poupée	**nos** cadeaux/pantoufles
Vous	**votre** chapeau	**votre** poupée	**vos** cadeaux/pantoufles
Ils/Elles	**leur** chapeau	**leur** poupée	**leurs** cadeaux/pantoufles

Attention ! Devant un nom commençant par une voyelle ou un **h** muet, **ma, ta, sa** deviennent **mon, ton, son**.
***Son** horloge indique minuit.*

1 Complétez les phrases avec l'adjectif possessif qui convient.

1 J'ai un casse-noisette. → C'est .... casse-noisette.
2 Fritz a des soldats de plomb. → Ce sont .... soldats de plomb.
3 Les soldats portent des vestes rouges. → Ce sont .... vestes rouges.
4 Nous avons un capitaine. → C'est .... capitaine.
5 Tu as des poupées. → Ce sont .... poupées.
6 Vous avez des pantoufles. → Ce sont .... pantoufles.

Enrichissez votre **vocabulaire**

1 Les onomatopées sont des mots qui imitent un bruit (humain, animal...). Associez chaque onomatopée à la définition correspondante.

a ouf *phew*   d vroum   g cocorico *(cock a doodle doo)*

b clap clap   e ding dong   h cuicui

c ronron   f plouf *(splash)*   i toc toc

F 1 **F** Bruit d'un objet qui tombe dans l'eau.

C 2 ☐ Bruit que fait le chat quand il est content.

E 3 **I** Son des cloches d'une église.

G 4 **G** Cri du coq.

D 5 **D** Bruit d'un moteur qui accélère.

I 6 **E** Bruit produit quand on frappe à la porte. *(Door knock) bell?*

A 7 ☐ Son qui exprime le soulagement.

B 8 ☐ Bruit produit par des applaudissements.

H 9 ☐ Cri d'un petit oiseau. *my bird?*

2 Associez chaque sens à la partie du visage correspondante.

1 **B** le nez   a l'ouïe *hear*

2 **D** la bouche *mouth*   b l'odorat

3 **E** les yeux *eyes*   c le toucher

4 **A** les oreilles   d le goût

5 **C** la peau *skin*   e la vue

Production écrite et orale

DELF 1 Avez-vous déjà eu peur ? Dans quelle(s) circonstance(s) ? Racontez.

Avant de lire

1 Les mots suivants sont utilisés dans le chapitre 4. Associez chaque mot à l'image correspondante.

a   une forêt   d   un traîneau   g   un cheval

b   un coussin   e   un singe   h   un château

c   un jardin   f   un trône   i   des flocons

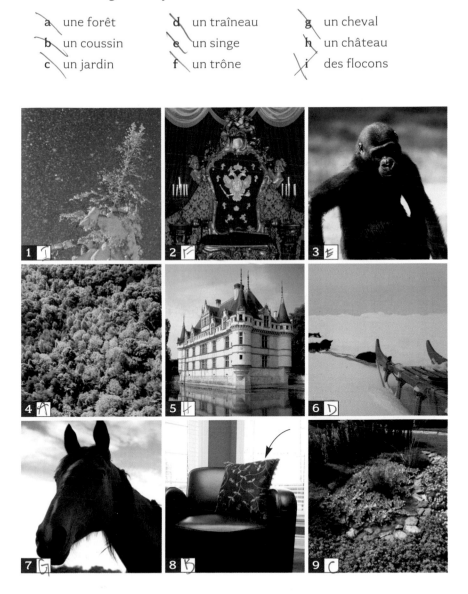

CHAPITRE 4

Le prince

Marie est debout, les yeux fermés. La fumée et le bruit ont disparu. Tout est silencieux.

« Je peux rouvrir les yeux maintenant... » pense-t-elle.

Elle regarde autour d'elle et s'écrie :

« Je ne suis plus dans le salon ! Mais où suis-je ? C'est peut-être un rêve... »

En effet, Marie n'est pas dans le salon. Elle se trouve dans une forêt magique avec de grands arbres. Il y a de la neige partout et une grosse lune ronde dans le ciel noir. Soudain, Marie voit un magnifique traîneau tiré par deux chevaux blancs.

Un beau jeune homme est assis sur le traîneau.

— Bonjour, Marie ! dit-il.

— Comment connais-tu mon prénom ?

Le jeune homme se met à rire.

— Qui es-tu ? demande Marie.

— Tu ne me reconnais pas ? Oh, ma chère Marie ! Tu as mis fin au sortilège [1]...

---

1. **Un sortilège** : influence magique.

Histoire d'un casse-noisette

— Quel sortilège ? dit Marie. Je ne comprends pas.

Le jeune homme sourit, puis il dit :

— Je suis un prince.

— Un prince ?

— Oui, poursuit le jeune homme. Le Roi des souris m'a ensorcelé : il m'a transformé en un casse-noisette de bois. Seul le véritable amour pouvait mettre fin à ce sortilège. Tu m'as sauvé la vie et je sais que ton amour est sincère.

Marie regarde attentivement le prince et elle observe ses vêtements. Ils sont très élégants. Soudain, elle s'exclame :

— Je te reconnais ! Tu es Casse-Noisette ! Tu es mon casse-noisette de bois !

— Oui, mais maintenant je ne suis plus un casse-noisette de bois. Je suis redevenu un prince. Maintenant, je suis TON prince !

Marie regarde le prince et sourit.

— Je veux te conduire dans mon château, dit le prince.

— Tu as un château ? demande Marie, émerveillée.

— Bien sûr ! Je suis le prince du royaume des poupées.

— Le royaume des poupées ! s'exclame Marie. Quel joli nom !

— C'est un lieu merveilleux, dit le prince. Viens avec moi, je t'emmène dans mon royaume.

Marie monte sur le traîneau et s'assoit sur un coussin jaune et moelleux à côté du prince. Soudain, le traîneau s'envole dans le ciel noir.

— C'est magique ! dit Marie. Nous volons tout près de la lune et des étoiles !

Le prince indique un magnifique château à côté d'un petit lac et il demande à Marie :

— Tu vois ce grand château ?

— Oui, dit Marie. Il ressemble à un énorme gâteau d'anniversaire ! Il est rose, jaune, bleu, vert, orange et marron !

— C'est le château du royaume des poupées, dit le prince. Il est fait avec du sucre, des bonbons, du chocolat et de la crème chantilly. Le jardin du château est plein de surprises magiques.

— C'est merveilleux ! s'exclame Marie.

— Aujourd'hui, tu vas rencontrer Gérald, dit le prince.

— Qui est-ce ? demande Marie.

— C'est un homme exceptionnel. Il est comme un père pour moi. Il s'occupe du château quand je ne suis pas là.

— Ton château est très grand, dit Marie.

— Oui, dit le prince. Il a cent pièces !

— Cent pièces ! s'exclame Marie. Dans ma maison, à Nuremberg, il y a seulement douze pièces.

Quand ils descendent du traîneau, il neige et des flocons dansent dans le ciel.

Marie et le prince arrivent devant la grande porte du château. Elle est en chocolat. Six singes habillés de petites vestes rouges sont debout devant la porte. Ils chantent et ils dansent pour souhaiter la bienvenue au prince.

— Bonjour, mes chers amis, dit le prince. Je vous remercie de votre accueil.

Marie et le prince se promènent dans le jardin du château. Il y a des fruits en or sur les branches des arbres. Les fleurs sont faites de chocolat et de cerises. Marie et le prince marchent le long d'une magnifique rivière.

— C'est la rivière Orange, dit le prince. Elle s'appelle comme ça à cause de sa couleur.

— Mmm, et elle sent bon l'orange aussi ! dit Marie.

Histoire d'un casse-noisette

Puis, le prince indique des arbres le long de la rivière Orange et il dit :

— Regarde les fruits de ces arbres : ce sont des confitures ! Il y a des arbres avec des confitures de fraises et des arbres avec des confitures d'abricots.

— Ce sont mes confitures préférées ! s'exclame Marie.

Quand ils reviennent au château, un vieil homme aux cheveux blancs leur souhaite la bienvenue. Il est grand et il porte une longue veste rouge et dorée.

— Cher prince, vous voilà enfin ! Soyez le bienvenu ! dit-il. Tout le royaume est très heureux de votre retour.

— Merci, Gérald, dit le prince.

Le vieil homme regarde Marie et il sourit. Puis, il ajoute :

— Nous voulons fêter votre retour avec un spectacle extraordinaire. Vous allez assister à des danses venues du monde entier ! Vous allez voir des danseurs exceptionnels avec de splendides costumes. Et vous allez écouter une musique fantastique. Je vous en prie, asseyez-vous sur le trône. Le spectacle va commencer...

Compréhension écrite et orale

DELF 1 Écoutez l'enregistrement du chapitre, puis cochez la bonne réponse.

1 Quand Marie ouvre les yeux, elle se trouve dans
   a ☐ son salon.
   b ☒ une forêt magique.

2 Elle voit un beau traîneau avec des chevaux
   a ☐ blancs.
   b ☒ noirs.

3 Le prince et Casse-Noisette sont
   a ☒ une seule et même personne.
   b ☐ deux personnes différentes.

4 Le château du prince
   a ☒ ressemble à un énorme gâteau.
   b ☐ est plein de poupées.

5 Gérald est
   a ☐ le père du prince.
   b ☒ comme un père pour le prince.

6 Devant la porte du château, il y a
   a ☒ six singes.
   b ☐ sept chiens.

7 Dans le royaume des poupées, il y a
   a ☐ le fleuve Cerise.
   b ☒ la rivière Orange.

8 Marie adore la confiture
   a ☒ de fraises et celle d'abricots.
   b ☐ d'abricots et celle de framboises.

9 Pour fêter le retour du prince, on organise un
   a ☐ dîner.
   b ☒ spectacle.

10 Gérald demande au prince de
   a ☐ danser.
   b ☒ s'asseoir.

Grammaire

La phrase négative

Pour former une phrase négative, il faut mettre **ne** devant le verbe et **pas** après le verbe.
*Je **ne** comprends **pas**.*

Devant une voyelle ou un **h** muet, **ne** s'élide.
*Marie **n'**est **pas** dans le salon.*

1 Remettez les mots dans l'ordre pour former une phrase négative.

1 pas / à / veux / ne / aller / la / je / mer.
Je ne veux pas aller à mer.

2 après-midi / l'/ pas / amis / viennent / cet / à / tes / ne / école.
....

3 regarder / et / la / aiment / Carine / n' / Benjamin / télé / pas.
....

4 table / est / sur / mon / la / livre / pas / n'.
....

5 mange / collègues / il / pas / soir / ce / avec / ne / ses.
....

Enrichissez votre **vocabulaire**

1 Associez chaque fruit à sa définition.

a la mûre   b l'orange   c la pomme   d la fraise   e le raisin

1 ☐ C'est un fruit très doux, de couleur rouge. Il pousse au printemps.

2 ☐ C'est un fruit de couleur noire. Il pousse en été, dans les bois.

3 ☐ C'est un fruit blanc ou noir. Il pousse en grappes.

4 ☐ C'est un fruit de couleur orange, plutôt acide. Il pousse en hiver.

5 ☐ C'est un fruit vert, rouge ou jaune. Il pousse toute l'année.

2 Associez chaque phrase à l'image correspondante.

a Il neige.
b Il y a du vent.
c Il fait beau.

d Il y a du brouillard.
e C'est nuageux./C'est couvert.
f Il pleut.

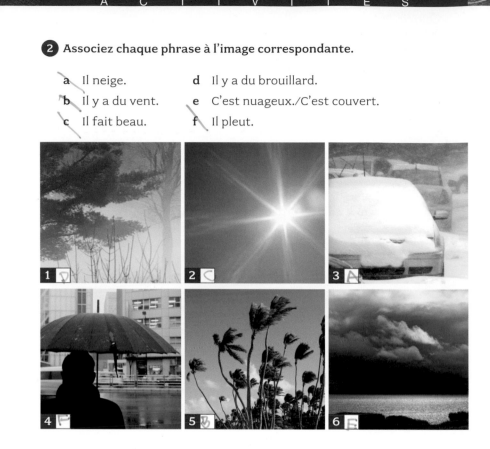

Production écrite et orale

DELF **1** Décrivez le château de vos rêves !

2 Imaginez une interview avec Marie. Vous lui demandez de parler de son voyage sur le traîneau et de ce qu'elle a vu dans le royaume des poupées. Écrivez l'article.

3 Quelle(s) saison(s) de l'année préférez-vous ? Pourquoi ?

CHAPITRE 5

Le royaume des poupées

La cour est réunie dans la salle du trône. Un petit orchestre joue de la musique. Il y a des violons, des trompettes et un piano. Le spectacle commence.

— Maintenant, vous allez assister à la danse de la Fée Dragée, dit Gérald.

Le prince aime beaucoup la Fée Dragée : c'est sa danseuse préférée. Elle porte un tutu rose et blanc et des chaussons de danse roses. Le costume de son cavalier est bleu. La musique est fantastique et la cour assiste au spectacle en silence. À la fin de la danse, tout le monde applaudit.

— Quelle merveilleuse danse ! s'exclame Marie.

— La Fée Dragée est vraiment une excellente danseuse ! dit le prince.

— Et maintenant, la danse espagnole et sa joyeuse musique ! dit Gérald.

Il y a beaucoup de danseuses et de danseurs espagnols. Ils ont les yeux et les cheveux noirs. Les danseuses portent de longues robes et des chaussons de danse rouges. Leurs cavaliers portent des chemises blanches et des pantalons noirs. Leurs mouvements sont très rapides parce que la musique est dynamique. À la fin de la danse, ils offrent du nougat à Marie et au prince.

— En Espagne, il y a du bon nougat, dit l'un des danseurs.

— Et maintenant, voilà la danse arabe ! dit Gérald.

Les danseuses portent de longs costumes blancs et des chaussons de danse noirs. Les danseurs ont des chemises et des pantalons blancs. La musique est très harmonieuse.

À la fin de la danse, les danseurs offrent une tasse de café à Marie et au prince.

— Ce café vient d'Arabie, dit l'un des danseurs.

— Il est délicieux ! s'exclame Marie.

— Et maintenant, les cosaques vont vous présenter une surprenante danse russe, dit Gérald.

Neuf cosaques commencent à danser et ils lèvent leurs jambes en l'air. Puis, ils sautent très haut et ils font plusieurs tours sur eux-mêmes. Leurs costumes et leurs chapeaux sont de toutes les couleurs et ils portent tous une moustache. La musique est forte et très rapide.

— Ces danseurs semblent magiques ! s'exclame Marie.

— Ils SONT magiques, dit le prince. Regarde bien comme ils dansent !

À la fin de la danse russe, les cosaques donnent des caramels à Marie et au prince.

— C'est un cadeau pour vous, dit l'un des danseurs.

Puis, Gérald prend de nouveau la parole et dit :

— Et maintenant, voilà la danse chinoise.

Les costumes des danseuses sont rouges et dorés et la

musique est très belle. Les jeunes filles dansent autour du trône, puis elles offrent à Marie et au prince une boîte en bois avec du délicieux thé chinois à l'intérieur.

— Voici du thé vert et du thé noir, dit l'une des danseuses. Nous buvons beaucoup de thé en Chine.

— Pour conclure ce joyeux après-midi, vous allez assister à la danse des fleurs, dit Gérald.

On entend une musique douce et vingt danseurs entrent dans la salle du trône. Chaque danseur porte un costume d'une couleur différente. Les danseuses sont très belles et elles portent des talons hauts.

— Elles ressemblent à des fleurs, dit Marie.

À la fin de la danse, chaque danseur donne une fleur en caramel et en chocolat à Marie et au prince.

— Bienvenue dans le royaume des poupées ! disent les danseurs.

— Merci, répond Marie. Merci pour ce magnifique spectacle et pour vos merveilleux cadeaux !

— Moi aussi, je vous remercie, dit le prince.

— Je suis si heureuse ! s'exclame Marie.

Compréhension écrite et orale

 1 Écoutez l'enregistrement du chapitre, puis dites si les affirmations suivantes sont vraies (V) ou fausses (F).

		V	F
1	La Fée Dragée danse seule.	☒	☒
2	La musique de la danse espagnole est dynamique.	☒	☐
3	Les danseurs arabes sont habillés en blanc.	☒	☐
4	Les cosaques viennent d'Allemagne.	☐	☒
5	Les danseuses chinoises offrent une tasse de café à Marie.	☒	☐
6	Le spectacle se termine par la danse des fleurs.	☒	☐

Grammaire

Le futur proche

On utilise le futur proche pour indiquer une action qui va se produire dans un futur immédiat ou plus lointain (dans ce cas-là, on l'utilise surtout à l'oral) et pour exprimer des projets.

Le futur proche se forme avec le verbe **aller** au présent de l'indicatif + l'infinitif du verbe.
*Maintenant, vous **allez assister** à la danse de la Fée Dragée.*

1 Transformez les phrases en utilisant le futur proche.

1 Tu prends l'autobus. → Dans une heure, .Tu a prend. ....
....

2 Elle étudie sa leçon. → Ce soir, ...
....

3 Je prépare un gâteau. → Pour ton anniversaire, ...
....

4 Nous partons pour Paris. → Demain matin, ...
....

Enrichissez votre **vocabulaire**

1 Écrivez la nationalité correspondant à chaque pays, comme dans l'exemple.

Ex. L'Espagne → espagnol

1 La Russie → *Russia*
2 La Chine → *Chinese*
3 Le Mexique → *Mexico*
4 Les États-Unis → *United states*
5 L'Autriche →
6 La Pologne → *Polish*
7 La Suisse → *Swiss*

8 L'Irlande → *Irish*
9 La Grèce → *Greek*
10 Le Portugal → *Portuguese*
11 Le Canada → *Canadian*
12 La Belgique → *B*
13 Le Maroc → *Morracan*
14 L'Australie → *Australian*

2 Écrivez le pays d'origine de chaque personnalité.

49

3 Retrouvez dans la grille les cinq cadeaux que les danseurs offrent à Marie et au prince ainsi que les quatre pays d'origine des danseurs. Retrouvez le mot mystérieux avec les lettres non utilisées.

N	O	U	G	A	T	S	O	R	R
C	E	N	G	A	P	S	E	T	U
A	I	L	A	R	A	B	I	E	S
F	E	T	G	E	N	I	H	C	S
E	H	E	F	L	E	U	R	S	I
E	C	A	R	A	M	E	L	S	E

Mot mystérieux : _ _ _ _ _ _ _ _ _

Production écrite et orale

 DELF **1** Qu'est-ce que vous allez faire le week-end prochain ? Racontez en employant le futur proche.

DELF **2** On vous offre un voyage dans le pays de votre choix. Où allez-vous et pourquoi ?

DELF **3** Que prenez-vous le matin au petit-déjeuner ? Aidez-vous des mots suivants. Vous pouvez bien sûr ajouter d'autres aliments ou d'autres boissons.

> café   thé   yaourt   jus de fruits   biscuits   pain   beurre
> confiture   Nutella   lait   céréales   croissant   fruit

Casse-Noisette, le ballet

Le *Casse-Noisette* est un célèbre ballet en deux actes créé à la demande du tsar de Russie.

Piotr Ilitch Tchaïkovski (1840-1893) en compose la musique de février 1891 à mars 1892 et la chorégraphie est signée Lev Ivanov.

Le ballet est tiré d'un conte d'Alexandre Dumas intitulé *Histoire d'un Casse-Noisette* qui s'inspire d'une œuvre d'E. T. A. Hoffmann, *Casse-Noisette et le Roi des souris*.

Il est représenté pour la première fois du 6 au 18 décembre 1892 au théâtre Mariinsky de Saint-Pétersbourg, en Russie.

Tchaïkovski pensait que le ballet n'aurait pas de succès et qu'il

La danse chinoise lors d'une représentation du *Casse-Noisette* en 2004.

resterait à l'affiche juste assez longtemps pour lui permettre de créer une autre œuvre. En réalité, les théâtres du monde entier n'ont jamais cessé de représenter le *Casse-Noisette*, surtout pendant la période de Noël. L'Opéra national de Paris propose régulièrement ce ballet depuis 1984.

Cette œuvre est très appréciée pour sa musique, mais aussi pour ses somptueux décors et la beauté de ses costumes, très colorés.
Les mélodies de *Casse-Noisette* sont aujourd'hui encore utilisées à la télévision et au cinéma. Le film d'animation de Walt Disney, *Fantasia*, reprend quelques-unes des musiques du ballet.

Compréhension écrite

1 Lisez attentivement le dossier, dites si les affirmations suivantes sont vraies (V) ou fausses (F), puis corrigez celles qui sont fausses.

		V	F
1	Le *Casse-Noisette* a été créé pour le tsar de Russie.	☐	☐
2	Le compositeur du ballet s'appelle Lev Ivanov.	☐	☐
3	Ce ballet est représenté pour la première fois à l'Opéra national de Paris.	☐	☐
4	Le *Casse-Noisette* n'a pas eu de succès.	☐	☐
5	Dans ce ballet, les costumes sont très colorés.	☐	☐
6	Aujourd'hui, la musique de *Casse-Noisette* est utilisée à la télévision et au cinéma.	☐	☐

2 Relisez le dossier, puis répondez aux questions.

1 De combien d'actes se compose le ballet de Tchaïkovski ?

2 Qui a écrit *Histoire d'un Casse-Noisette* ?

3 Où se trouve la ville de Saint-Pétersbourg ?

4 Que fait l'Opéra national de Paris depuis 1984 ?

5 Pourquoi apprécie-t-on *Casse-Noisette* ?

6 Que reprend le film *Fantasia* ?

CHAPITRE 6

Le jour de Noël

Les danseurs sont assis dans la salle du trône. Ils parlent et ils s'amusent.

— Ma très chère Marie, veux-tu danser avec moi ? demande le prince.

— Avec joie, répond Marie.

L'orchestre commence à jouer. Marie et le prince dansent dans la salle du trône. Ils sont très heureux.

Quand la musique s'arrête, Marie et le prince s'assoient sur le trône. Marie est très fatiguée et elle sent ses yeux se fermer. Puis, elle s'endort.

Soudain, on entend un bruit. Marie se réveille doucement. Elle est assise à côté du sapin de Noël dans le salon de sa maison, à Nuremberg.

« Où suis-je ? se demande-t-elle, ensommeillée. Que m'arrive-t-il ? Où est le prince ? »

Elle regarde autour d'elle. Le salon est vide.

« Je ne suis pas dans la salle du trône ? pense Marie. Où sont les danseurs ? Et où est le prince ? »

Histoire d'un casse-noisette

Elle entend à nouveau le bruit : quelqu'un frappe à la porte. Marie se lève et ouvre la porte : c'est l'oncle Drosselmayer.

— Bonjour, Marie ! dit-il joyeusement. Que fais-tu ici toute seule ? Aujourd'hui, c'est Noël !

— Ah, bon ? Aujourd'hui... c'est Noël ? dit Marie, surprise.

Puis, elle ajoute :

— Joyeux Noël, oncle Drosselmayer !

— Joyeux Noël, Marie !

Marie regarde le sapin de Noël et le grand salon vide. Tout est silencieux. Puis, elle regarde par la fenêtre : il neige.

— Alors, c'était un rêve, dit-elle tristement.

— Un rêve ? demande l'oncle Drosselmayer.

— Oui, j'ai fait un rêve merveilleux ! J'étais dans le royaume des poupées avec le prince Casse-Noisette. Quelle belle musique et quels danseurs exceptionnels !

— Ce n'était peut-être pas un rêve, dit l'oncle Drosselmayer.

Marie se tourne vers la porte et... que voit-elle ? Le prince ! Il est là, devant elle, et il lui sourit.

— Joyeux Noël, Marie ! dit le prince.

— Oh, mais alors... ce n'était pas un rêve ! dit-elle joyeusement.

— Non, ma chère Marie, je suis un VRAI prince !

— Et moi, je suis l'oncle du prince Casse-Noisette, dit l'oncle Drosselmayer. Cette année, Noël va être magique pour toute la famille !

Marie et le prince se regardent, puis ils disent en même temps :

— Oui, cela va vraiment être un Noël magique !

Quelques années plus tard, Marie et le prince célèbrent leur mariage au royaume des poupées.

Compréhension écrite et orale

1 Écoutez l'enregistrement du chapitre, puis cochez la bonne réponse.

1   Le prince demande à Marie de
   a ☒ danser avec lui.
   b ☐ se promener avec lui.
   c ☐ manger avec lui.

2   Quand Marie se réveille, elle est dans
   a ☐ la salle du trône.
   b ☐ son lit.
   c ☒ le salon de sa maison.

3   Quelqu'un frappe à la porte. C'est
   a ☐ la mère de Marie.
   b ☐ Fritz.
   c ☒ l'oncle Drosselmayer.

4   Quand Marie se tourne, elle voit
   a ☐ Gérald.
   b ☒ le prince.
   c ☐ le Roi des souris.

5   L'oncle Drosselmayer est
   a ☒ le père du prince.
   b ☒ l'oncle du prince.
   c ☐ le meilleur ami du prince.

6   Quelques années plus tard, Marie et le prince
   a ☒ se marient.
   b ☐ passent Noël ensemble.
   c ☐ se donnent rendez-vous dans le royaume des poupées.

Enrichissez votre **vocabulaire**

1 Que dites-vous dans les situations suivantes ? Associez chaque phrase à la situation correspondante.

a   Bonne chance !   c   Joyeux Noël !   e   Joyeuses Pâques !

b   Joyeux anniversaire ! d   Bon voyage !   f   Bonne année !

1   D   Ton meilleur ami part en vacances en France.

2   B   Aujourd'hui, ta sœur a 18 ans.

3   E   C'est Pâques. Toute ta famille est réunie.

4   F   Nous sommes le 1er janvier. Tous tes amis sont là.

5   C   C'est le 25 décembre. Tu es chez tes grands-parents.

6   A   Ton frère va passer un examen important.

2 Associez chaque souhait de l'exercice précédent à l'image correspondante.

Grammaire

Le verbe *voir* et ses dérivés

Le verbe **voir** appartient au 3e groupe.

Je vois
Tu vois
Il/Elle/On voit
Nous voyons
Vous voyez
Ils/Elles voient

Les verbes **entrevoir, pourvoir, prévoir** et **revoir** sont des dérivés du verbe **voir** et ils se conjuguent selon le même modèle.

1 Complétez les phrases avec le verbe *voir* ou l'un de ses dérivés selon le sens de la phrase.

1 Son père l'aime beaucoup : il .... à tous ses besoins.

2 Il est très loin : je l'.................... à peine.

3 Tous les matins, ils .... Julien au collège.

4 Tu .... toujours tout à l'avance. Tu es très organisé.

5 Chaque année à Noël, nous .... nos grands-parents.

Production écrite et orale

DELF **1** Comment imaginez-vous le mariage de Marie et du prince au royaume des poupées (invités, tenues, spectacles, etc.) ?

DELF **2** Racontez un rêve que vous avez fait récemment.

DELF **3** Quelle est la fête que vous préférez et pourquoi ? Racontez ce que vous faites d'habitude à cette occasion.

PROJET **INTERNET** ◀◀◀

Noël

Rendez-vous sur le site www.blackcat-cideb.com. Écrivez le titre ou une partie du titre du livre dans la barre de recherche, puis sélectionnez le titre. Dans la page de présentation du livre, cliquez sur le nom du projet Internet pour accéder aux liens.

A Cliquez sur « Les symboles de Noël », sur la rubrique « Les bougies », puis répondez aux questions.

▶ En Scandinavie, comment place-t-on les bougies sur les chandeliers ? Pourquoi ?

▶ Combien de bougies place-t-on sur la table ? Pourquoi ?

▶ En général, de quelles couleurs sont les bougies ? Pourquoi ?

B Cliquez sur « Les symboles de Noël », sur « Épiphanie », puis répondez aux questions.

▶ Que signifie le terme « Épiphanie » ?

▶ Quel jour fête-t-on l'« Épiphanie » ? Pourquoi ?

C Cliquez sur « Les symboles de Noël », sur « La couronne de bienvenue », puis répondez aux questions.

▶ Quand peut-on accrocher les couronnes de bienvenue ?

▶ Pourquoi les couronnes de bienvenue sont-elles rondes et vertes ?

1 Remettez les images dans l'ordre chronologique de l'histoire, puis écrivez une phrase pour résumer chaque image.

2 Répondez aux questions.

1 Pourquoi Marie et Fritz attendent-ils avec impatience l'arrivée de l'oncle Drosselmayer ?

2 Qu'offre l'oncle Drosselmayer à Marie et à Fritz ?

3 Pourquoi Marie jette-t-elle sa pantoufle sur le Roi des souris ?

4 Comment Marie réussit-elle à rompre le sortilège que le Roi des souris a jeté à Casse-Noisette ?

5 À quel type de spectacle Marie et le prince assistent-ils dans le royaume des poupées ?

6 Quel est le lien de parenté entre le prince et Drosselmayer ?

3 Au cours de l'histoire, Marie éprouve des sentiments différents selon la situation. Citez les passages de l'histoire qui correspondent aux sentiments écrits ci-dessous. Plusieurs solutions sont possibles.

1 L'impatience : ....
....

2 La colère : ....
....

3 La peur : ....
....

4 La surprise/L'étonnement : ....
....

5 Le bonheur : ....
....

6 L'amour : ....
....

7 L'espoir : ....
....

8 La tristesse : ....
....

4 Complétez la grille de mots croisés à l'aide des définitions.

Horizontalement

2 Moyen de transport du père Noël.

5 Les ouistitis, les chimpanzés et les gorilles en sont.

6 À Noël, on le décore avec des boules et des guirlandes.

7 Il peut être *philarmonique* ou *symphonique*.

10 Contraire de *midi*.

11 Repas de fête que l'on fait pendant la nuit de Noël ou du nouvel an.

Verticalement

1 Personnes qui exécutent un ballet.

3 Celles de Cendrillon sont en verre.

4 On les offre pour Noël ou un anniversaire.

8 C'est un rongeur, il est gris et il déteste les chats.

9 Pièce de la maison où l'on reçoit les invités.

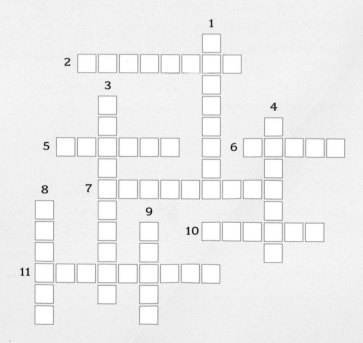